Oliven
geflüster

ARTEA

von der Magie eines göttlichen Baumes

Fotografie
Tomáš Míček
Liza Kellner

Einführung
Hans Torwesten
Otto Schäfer

Konzept und Gestaltung
Gabriele Schiffer

»BÄUME SIND HEILIGTÜMER. WER MIT IHNEN ZU SPRECHEN, WER IHNEN ZUZUHÖREN WEISS, DER ERFÄHRT DIE WAHRHEIT. SIE PREDIGEN NICHT LEHREN UND REZEPTE, SIE PREDIGEN, UM DAS EINZELNE UNBEKÜMMERT, DAS URGESETZ DES LEBENS.«

Hermann Hesse

OLIVEN-GEFLÜSTER

Silbern glitzert das lichte Laub in der Morgensonne. Ein schmaler Pfad windet sich durch den alten Olivenhain. Vom Meer her eine leichte Brise, die sich mit dem Duft der Inselheide und dem harzigen Geruch der Ölbäume mischt. Noch wogt ein Meer von Frühlingsblumen zwischen den Stämmen, doch wir ahnen bereits die hochsommerliche Hitze, die bald die Erde ausdörren wird – wenn die Luft in der gleißenden Sonne flimmert, erfüllt vom ohrenbetäubenden Geschrei der Zikaden.

Wir spüren die Nähe zum großen Fest des Südens, in das wir so gern eintauchen und zu dem uns der Ölbaum seine Schätze schenkt. Wem kommt nicht das Bild farbenfroher Speisen in den Sinn, glänzend vom grünlichen Gold des darübergegossenen Öls? Wer stand noch nie auf einem von Platanen beschatteten Marktplatz vor einer schier unendlichen Auswahl eingelegter und auf vielfältigste Art gewürzter Oliven, eingehüllt in eine Wolke von Düften? Der einzigartige Geschmack der Olive, dieser sinnlichen kleinen Frucht, läßt sogleich den ganzen Süden vor uns erstehen: die salzige Meerluft, den Duft von Thymian, Rosmarin und Lavendel; das einsame Gehöft in der Provence oder der Toskana, in Griechenland oder Andalusien; das ursprüngliche Leben, das sich vor allem im Freien abspielt und nichts von Eile und Hektik weiß; das ferne Blöken von Schafen, die friedlich unter einem alten Ölbaum weiden. Wir erinnern uns an die stimmungsvollen, rasch hingeworfenen Werke impressionistischer Maler, die den Wechsel des Lichts so unvergleichlich einzufangen wußten, das Ineinander von Kargheit und Lebenskraft, vom bleichen Ocker der heißen Erde und dem Silberschimmer des Laubes, von Mittagsglut und Meereshauch.

Eine seltsame Faszination geht vom Ölbaum aus. Wie einzelgängerische alte Weise stehen die Bäume da und fügen sich doch zu wunderbaren Gemeinschaften, zu heiligen Hainen, zu wohlgeordneten Gärten. Wir werden von geheimnisvollen Gestalten berührt, an Menschen und Tiere erinnernd in ihrer Gebärde, windzerzaust und sonnengebleicht. Archaische Bilder tauchen auf: Noah und die Taube nach der Sintflut, die Öllampen der klugen Jungfrauen, die Salbung Davids, der Siegeskranz der alten Olympioniken . . . Wir werden an ein uraltes Wissen erinnert, das wir in uns tragen, ein Wissen vom ewigen Werden und Vergehen. Im Geflüster der Olivenzweige beginnen wir einer Erzählung von alten Zeiten zu lauschen, werden wir erinnert an ein einstmals heiliges Verhältnis von Mensch und Natur.

GÖTTERGESCHENK UND SIEGESPREIS

Der Ölbaum wurzelt in tiefem mythologischen und spirituellen Boden. In der Überlieferung des alten Ägypten war es Isis, die Gemahlin des Osiris, die den Menschen das Geheimnis verriet, wie man Ölbäume anbaut und ihre Früchte verwendet. Auch bei den Griechen rankt sich ein schöner Mythos um den Ölbaum: Athene, Tochter des Zeus und Göttin des Lichts und der Weisheit, siegte in einem Wettstreit um die Herrschaft über Attika gegen den Meeresgott Poseidon. Dieser schlug eine salzige Quelle aus dem Felsen. Athene dagegen beschenkte die Griechen mit der Veredelung des wilden Ölbaums – und lehrte die Menschen als Schutzgöttin des Ackerbaus ein weiteres Element des friedlichen, sinnvollen Umgangs mit der Schöpfung. Die weisheitsvolle Entfaltung von Kräften der Natur – das »Kultivieren« im eigentlichen Sinne – verdrängt die rohe Naturgewalt.

Als Geschenk der Göttin Athene genoß der Ölbaum in ganz Griechenland heiligen Respekt. Im Sakralbereich der Tempel war er gegenwärtig, ob als einzelner Baum auf der Akropolis oder im heiligen Hain in Delphi. Sein Holz wurde überall geschätzt. Der höchste Gerichtshof Athens, der Areopag, wachte darüber, daß niemand im Land mehr als zwei Olivenbäume fällte und daß sein Holz nur zu edlen Zwecken verwendet wurde. Für die Opferfeuer, die auf den Altären brannten, verwendete man vornehmlich Olivenholz.

Gemäß einer anderen Legende stieß Herakles, mythischer Held und Begründer der Olympischen Spiele, seinen Stab in den Boden, der sich daraufhin in einen wundervollen Ölbaum verwandelte. Von da an wurde der Sieger in einem olympischen Wettkampf mit einem Ölzweig bekränzt. Und noch heute wird das Olympische Feuer wie in der Antike an einem Ölzweig entzündet.

MITTELMEER, ORIENT UND OKZIDENT

Im Angesicht des Ölbaums stehen wir vor den Wurzeln abendländischer Kultur. In allen Ländern rund um das Mittelmeer ist der Ölbaum seit Urzeiten mehr als nur eine Pflanze: Er ist Symbol für Kultur im ursprünglichen Sinn, dem behutsamen, bewahrenden Umgang mit der Natur. Wahrscheinlich entdeckte man die Veredelung des wilden Olivenbaums in Phönizien, Syrien oder Palästina – was auch als Hinweis darauf gelten mag, daß dieser so durch und durch abendländische Baum (*Olea europaea* sein botanischer Name) orientalische Wurzeln hat, wie so vieles in unserer Kultur und Religion.

Über die tatsächliche Herkunft streiten sich die Gelehrten, und es gibt kaum ein Mittelmeervolk, das diese Entdeckung nicht für sich beanspruchen würde. Im gesamten Mittelmeerraum wurde die Ölbaumkultur neben ihrer Bedeutung in Religion und Mythologie sehr bald auch zum Symbol wachsenden Wohlstands. Bereits der legendäre Reichtum der Minoischen Kultur gründete zum großen Teil auf dem Besitz von Ölbaumhainen und der Verarbeitung des Öls zu duftenden Balsamen, die beispielsweise in Ägypten teuer verkauft wurden.

Die Römer, die später diese ganze Region beherrschten, hatten ein eher nüchtern-wirtschaftliches Verhältnis zu diesem Baum, das sie allerdings mit Hilfe ihrer Göttin Minerva, der römischen Entsprechung der Athene, mythologisch ein wenig verbrämten und darauf bestanden, daß ihre Gründer Romulus und Remus unter einem Ölbaum geboren worden seien. Das Olivenöl wurde zunehmend zu einem wichtigen Wirtschaftsfaktor und bald richtete man dafür eine eigene Börse und Handelsflotte ein. Ähnlich wie schon die Phönizier und Griechen exportierten auch die Römer den Olivenanbau an alle Gestade des Mittelmeers, nach Nordafrika, Spanien und Südfrankreich.

Zeitweilig war Olivenöl – das grüne Gold des Südens – gleichsam die Währung des Mittelmeerraums. Der Bedarf war groß, ob zur Zubereitung und Konservierung von Speisen, zur Schönheits- und Körperpflege, als Allheilmittel gegen allerlei Krankheiten oder als Brennstoff für Millionen kleiner Öllampen.

SYMBOL DES FRIEDENS UND DER WEISHEIT

Kriegführende Völker pflegten in früheren Zeiten die Ölbaumpflanzungen des Feindes zu vernichten, wodurch dessen Lebensgrundlage oft auf Jahrzehnte hin zerstört war. Wer Ölbäume pflanzt, dem muß also ein dauerhafter Friede am Herzen liegen – er weiß um die große Kraft, die dem tiefen Wissen um langsames Wachstum und die Gesetzmäßigkeiten des Lebens entspringt.

Bereits in der Geschichte Noahs und der Sintflut verbindet sich die Taube mit dem Ölzweig zum Symbol des Friedens, der Erneuerung und der Zuversicht. Der Ölzweig, den die zurückkehrende Taube im Schnabel hält, ist gleichsam der erste Sproß einer neuen Schöpfung. Er symbolisiert die Besonnenheit nach dem Zorn der Vernichtung. Als frisch ausgeschlagener Zweig ist er ein Zeichen des Neubeginns: nach dem Chaos der Sintflut, nach dem Niedergang einer Epoche, nach Krieg und Zerstörung. Als die Perser bei der Eroberung Athens den heiligen Olivenhain auf der Akropolis verbrannten, sprossen nach der Legende schon am folgenden Tag frische Triebe aus der Asche.

Auch im Islam ist der Ölbaum als Symbol bedeutsam; im Koran vergleicht Mohammed das heilige Licht Allahs mit dem Licht einer Lampe, die vom Öl jenes »gesegneten Baumes, der nicht im Osten noch im Westen wächst«, genährt wird. Die Einheit von Erkenntnis und Weisheit spiegelt sich auch im Namen der ältesten islamischen Universität in Tunesien: »al-Zitouna« heißt »der Ölbaum«.

TRANSZENDENZ UND LEBENSFÜLLE

In vielen alten Kulturen durfte sich nur derjenige den Götterbildern nähern, der sich Haar, Gesicht und Füße mit Olivenöl gesalbt hatte. Beschreibungen der symbolischen Reinigung und damit Heiligung findet man auch häufig im Alten Testament. Die Salbung der Könige Israels bedeutete die Verleihung von Macht, Stärke und Weisheit.

Daß sich die griechischen Athleten mit Olivenöl einrieben, hatte da schon weltlichere Gründe: die Ölmassage wärmte die Muskeln auf und schützte die Haut vor der Sonne. Ein glänzender Teint galt überdies in vielen alten Kulturen als schön und vornehm. Plinius empfahl seinen Zeitgenossen als Rezept für Gesundheit und Wohlbefinden: »Von innen Wein, von außen Olivenöl«. Und wenn italienische Damen der Renaissance das Olivenöl dazu benutzten, um ihrem schwarzen Haar die begehrte dunkelrote Tönung zu geben, so sind wir ganz im Diesseitigen angekommen.

Das Öl als Verbindung von Sakralem und Profanem, zur rituellen Reinigung und als Heil-, Schönheits- und vor allem Nahrungsmittel: Vielleicht besteht das Geheimnis dieses Baumes gerade darin, daß mit dem Öl seiner Früchte Könige und sogar ein Messias gesalbt werden konnten, und daß es andererseits aber auch in jedem Haushalt gegenwärtig ist. Daß aus seinem wertvollen harten Holz einst die Pfosten des Tempels von Jerusalem errichtet wurden – und auch das aus dem Wurzelstamm eines wilden Olivenstamms geschnitzte Ehebett des Odysseus, bei seiner Heimkehr nach langer Irrfahrt ein Sinnbild des sicheren Besitzes und dauerhafter Gattenliebe.

Jeder Olivenhain bewahrt eine natürliche sakrale Aura - und in dem Spannungsfeld von diesseits und jenseits steht der Ölbaum in seiner einzigartigen Gestalt: fest verwurzelt in der steinigen Erde, aus Kargheit Fülle bereitend, die Äste dem Himmel zugekehrt, der durch das filigrane Laub immer sichtbar bleibt, tagsüber silbrig glänzend im Sonnenlicht, während man nachts den Mond und die Sterne durchschimmern sieht.

POESIE UND DRAMA

»Ich bin der wohlverdiente Friede und das Glück in deiner Mattigkeit nach getaner Arbeit. Ich bin die Kraft und die Ewigkeit, meine Früchte bringen Gold, meine Blätter Poesie.«

In einer alten Legende sprach der Ölbaum diese Worte zu seinem Entdecker Herakles. Kein Wunder, daß der Olivenbaum immer wieder Dichter und bildende Künstler inspiriert hat, als Brücke zwischen Himmel und Erde, vom »Ölbaumgiebel« der Akropolis bis hin zu Picassos Friedenstaube mit dem

Ölzweig. Seit Jahrtausenden wird die Schönheit des Ölbaums in Kunstwerken gepriesen. Abbildungen der Bäume oder Früchte findet man bereits in Bildern aus dem alten Ägypten, auf minoischen Fresken, griechischen Vasen, römischen Silbergefäßen und an unzähligen Skulpturen und Reliefs der Antike.

Dichter von Homer bis Lorca haben ihn besungen. Denn, um den großen Ölbaum- und Griechenland-Liebhaber Erhart Kästner zu zitieren: »Die Dichter haben ihn immer geliebt. Das hat sich natürlich auf seine Blätter und Zweige niedergeschlagen wie Tau, der nun abträuft ... Was geliebt wird, ist anders geworden, nichts wird vergeblich verehrt. Ein bedichtetes Tal ist für Zeit und Ewigkeit schöner als eines, das keiner besang, und ein Fluß, der einmal ein Gott war, wird für immer aufglänzen, so wie ein geliebter Mensch schöner ist, als ein ungeliebter sein kann.«

Aldous Huxley gestand: »Wenn ich malen könnte und die nötige Zeit hätte, würde ich mich einige Jahre lang ausschließlich der Darstellung von Olivenbäumen widmen.« Er mußte sich mit Worten begnügen, die dafür um so leidenschaftlicher ausfielen. »Welche Fülle von Variationen über ein einziges Thema!« Am eindrucksvollsten ist seine Beschreibung der Olivenhaine vor dem Hintergrund eines dunklen Wolkenhimmels. »Die Blätter leuchten weiß, als würden sie von innen durch eine Art Mondschein erhellt ... In allen Bäumen ist gleichzeitig Mondlicht und Finsternis." Hier zuckt Transzendentes durch die mediterrane Landschaft und wir spüren beim Anblick der silbrig-weißen Ölbaumblätter und des dunklen Gewitterhimmels den Hauch einer anderen, größeren Dimension.

Das funkelnd flirrende Licht in den Olivenzweigen hat indes schon so manchem Maler seine Grenzen aufgezeigt, ihn fast um den Verstand gebracht. Jeder hat seine subjektive Sichtweise in die Darstellung dieser mediterranen Bäume hineingetragen, allen voran die Impressionisten.

Läßt Renoir ein krapprotes Leuchten aus dem silbrig-grauen Laubwerk hervorbrechen, so hat sich van Gogh vor allem auf die manchmal fast gewaltsamen Verdrehungen der Stämme konzentriert – mit einer eher nordisch-expressiven Ausdruckswut. Er schildert keine Idylle; seine gequält wirkenden Bäume scheinen ihre Zweige und Blätter klagend gegen den Himmel zu rekken. In einem Brief an seinen Bruder Theo gesteht er, daß er keine historischen Szenen benötige, um Angst darzustellen; ihm genügten ein paar vom Mistral verdrehte Ölbäume, um dieses Gefühl auszudrücken. In Cézannes Bildern dagegen erscheinen die Olivenbäume wie in die Ferne entrückt, unentbehrlicher Teil der Landschaft um seinen geliebten Mont Sainte-Victoire in der Provence.

KUNSTWERK ÖLBAUMLAND

Die Ölbaum-Gebiete südlicher Länder haben sich im Lauf der Zeit durch das sanfte Einwirken der menschlichen Hand zu bewundernswert schönen Kulturlandschaften entwickelt. In weiten hügeligen Regionen wechseln sich Felder und Olivengärten ab, in bergigen Gegenden fügen sich die über Generationen geduldig aufgeschichteten Steinmauern zu reizvollen Terrassenlandschaften. Die Bäume sind stets so angeordnet, daß sie sich gegenseitig genug Raum und Licht lassen. Junge, gerade erst gepflanzte Bäumchen schlagen einen weiten Bogen zu uralten Stämmen und lassen uns am Geheimnis langsamer Entfaltung teilhaben.

Die Küsten des Mittelmeers sind gesäumt von der Poesie des Ölbaums. Der Anblick von Landschaften, die seit Jahrhunderten von diesem Baum geprägt sind, weckt archaische Bilder: Wo heute friedlich die Schafe in den Ruinen weiden, leuchteten vor Jahrhunderten Städte und säulengeschmückte Tempel aus dichten Olivenhainen. Wie mag es der Seefahrer der Antike erlebt haben? Nach langer Fahrt an abweisenden Steilküsten entlang konnte er endlich anlegen, kam nach Hause – an jene Uferstellen, an denen Mensch und Natur gemeinsam kleine Paradiese geschaffen hatten, Buchten mit wohlgepflegten Ölbaumgärten, Schatten und weichem Gras. Wir spüren unsere eigene Urverbundenheit mit diesem Land, mit dem einfachen Leben, in dem Weite und Geborgenheit, Freiheit und rechtes Maß keine Widersprüche sind.

STUNDE DES PAN

Allerdings: Im paradiesischen Glanz der Idylle, im Atmen der Vegetation kann uns auch urplötzlich ein unheimliches, beklemmendes Lebensgefühl ergreifen - das »panische« Erschrecken. Alles ist rein äußerlich noch genauso wie vorher: der gleißende Mittagshimmel, der Duft der Macchia, das Geschrei der Zikaden. Und doch offenbart sich uns diese so vertraute Welt von einer Sekunde zur anderen als etwas Fremdes, Bedrohliches - wir sind sogar uns selber fremd.

Darstellungen in der Bildenden Kunst, in denen Pan einen Hirten erschreckt, sind eigentlich nur ein sehr grober Versuch, dieses unaussprechliche Gefühl, diesen Schauder auszudrücken. Er weist uns darauf hin, daß auch im klassischen griechischen Maß etwas ist, das dieses Maß sprengt, daß auch die reizvollste südliche Idylle uns »aus heiterem Himmel« mit unbeantwortbaren Fragen konfrontieren kann. Doch muß uns erst ein Nietzsche darauf stoßen, daß im antiken Glücksgefühl auch ein tragisches Lebensgefühl nistet? Spüren wir diese Fragen nicht auch, wenn wir die Stämme des Ölbaums betrachten, die sich so gar nicht in das griechische Maß fügen wollen?

In den uralten Olivenhainen haben sich trotz aller Kultivierung noch die Züge herrlicher Wildheit erhalten. In der Stunde Pans erleben wir den Olivenbaum in seiner ungezähmten Ausdruckskraft, und sind beinahe verstört über die Verwandlungslust, mit der er seine Stämme zu wilden Skulpturen oder Physiognomien formt. Ein Spuk, ein ausgelassener Tanz, den jeder Baum für sich in seiner absoluten Freiheit führt, und doch tief mit der gesamten Natur verbunden.

REICHE ERNTE FÜR GENERATIONEN

»Es gibt nirgendwo einen leidenschaftlicheren Baum, keinen, der so auf den Menschen eingeht wie der Ölbaum«, sagt ein provençalischer Olivenbauer. Wenn der Ölbaum die Zuwendung des Menschen erfährt, erweist er sich als großzügiger Freund und gibt sein Bestes. Obschon er dankbar ist für jede

Bewässerung und maßvolle Düngung, ist er doch ein Ausbund an Genügsamkeit. Er braucht nur sehr wenig Wasser und schickt seine Wurzeln im Bedarfsfall bis zu 6 Meter in den meist kargen steinigen Boden, um die Feuchtigkeit aufzuspüren. Er lehrt uns Geduld. Bei Ölbäumen ernten die Enkel, was der Großvater begonnen hat. Die Arbeit im Olivenhain bestimmt den Lebensrhythmus und schafft eine besondere Beziehung zu diesem wundervollen Baum, der erst nach Jahrzehnten reichlich zu tragen beginnt, aber dafür nach Hunderten von Jahren immer noch trägt.

Bei der Olivenernte ist es selbstverständlich, daß Verwandte, Nachbarn und Freunde zusammenhelfen. Für die frühen Sorten und die Tafeloliven beginnt sie bereits Ende September - die sogenannte »grüne« Ernte. Die spättragenden Sorten werden bis in den Februar hinein geerntet.

Die Oliven werden entweder von Hand gepflückt oder mit langen Stökken abgeschlagen und von einem am Boden ausgebreiteten Netz oder Tuch aufgefangen. Die etwas mühselige Technik des Pflückens ist nach wie vor die beste, da die Früchte bei dieser Methode am meisten geschont werden. Wer jemals beobachtet hat, mit welcher Geduld, Liebe und Ehrfurcht die kleinen harten Früchte abgezupft werden, wird auch verstehen, daß man in manchen Regionen des Mittelmeerraums glaubte, der Ertrag der Ernte sei abhängig von der Moral und inneren Haltung der Olivenpflücker. Fest steht jedenfalls, daß aus handgepflückten Oliven gewonnenes Öl die höchste Qualität hat – und je rascher die geernteten Oliven zur Ölmühle gebracht werden, desto besser.

Die Faszination, die die Ölbaumkultur auf uns ausübt, liegt sicherlich auch darin, daß sie sich weitgehend modernen Produktionsmethoden verweigert. Keine Maschine ersetzt die menschliche Hand, wenn es darum geht, die Bäume zu pflanzen, zu pflegen und die Früchte zu pflücken. Und auch die Ölpresse, die das kostbare Olivenöl gewinnt, oft nach uralten Methoden, kann man nur mit Vorbehalt als »Maschine« bezeichnen. Bei der Ölgewinnung sind drei Vorgänge nötig: Die Oliven werden zermahlen, das heißt, Schale und

Fruchtfleisch müssen zerquetscht werden; die dadurch erhaltene Masse wird gepreßt, um möglichst viel Öl zu gewinnen; und schließlich wird das Öl dekantiert, um das bittere Fruchtwasser und die Rückstände des Fruchtfleisches von der wertvollen Flüssigkeit zu trennen. Es ist der wohlverdiente Lohn aller Mühen, wenn zum Schluß das glänzende Öl wie geschmolzenes Gold langsam in den Sammelbehälter fließt.

WEIZEN, WEIN UND OLIVENÖL

Und schließlich das Fest, wenn alle Arbeit getan ist: die Tonkrüge mit dem frisch gepreßten Öl sind nach Hause gebracht und gut verwahrt, Tische und Bänke werden unter den Bäumen aufgestellt, und man probiert das neue Öl, indem man es auf über Holzkohleglut geröstetes Brot träufelt. Es wird erzählt, gelacht und getanzt, gegessen und getrunken, und jeder Gast ist willkommen.

Wenn im Dreiklang von Brot, Wein und Öl gefeiert wird, schimmert immer das Festliche durch die Einfachheit hindurch. Am Tisch südlicher Gastfreundschaft, der ohne das goldene Öl der Oliven nicht denkbar ist, spürt man noch die tiefe Dankbarkeit für das, was uns die Götter, die Natur und der Fleiß der Menschen schenken, Jahr für Jahr, im Rhythmus der Jahreszeiten.

Ist es da ein Zufall, daß vor 2000 Jahren ein allem Machtstreben abholder Mensch in Israel seine Mitmenschen aufforderte, mit ihm eine gesegnete Gastfreundschaft zu teilen, unter den einfachen Zeichen des Brotes und des Weines? Auf dem Ölberg, im Garten Gethsemane – ein aramäisches Wort, das nichts anderes als »Ölpresse« bedeutet – verbrachte Jesus seine bitterste Nacht. Noch heute erinnern dort uralte Ölbäume an ein Ereignis, das die Welt veränderte. Müssen die Früchte des Ölbaums nicht auch »zerstört« werden, um das kostbare goldene Öl zu gewinnen? Drängt nicht alles auf Transformation und Wandlung, auch in der Natur? Die Wurzeln des Ölbaums reichen tief hinab, in den Boden menschlicher Vergänglichkeit - und zugleich in den Grund göttlicher Fülle und Unsterblichkeit.

AUS DER KARGHEIT, WELCHE KRAFT!

In der innigen Beziehung zwischen Mensch und Ölbaum und in dem, was wir von ihm ernten, ist auch geistige, seelische Substanz verkörpert. Keinem Baum sieht man Geduld und Mühe so an wie dem Ölbaum. Umso erstaunlicher, mit welcher Widerstandskraft, Zähigkeit und Genügsamkeit es ihm gelingt, aus dem mageren, steinigen Boden seine unvergleichliche Frucht hervorzubringen – und auf wie vielfältige Art sie den Menschen dazu inspiriert, sie zu verwerten. Sind wir beim Genießen dieser Vielfalt aufmerksam genug, so schmecken wir noch die verdichtete Essenz all dessen, womit wir so reichlich beschenkt werden: den Boden, das Wasser, das Sonnenlicht, die Kraft und Vitalität der Natur – und vielleicht auch den herben Geruch des Holzes, in dessen Härte und unvergleichlicher Maserung sich die wunderliche Gestalt des Olivenbaums fortsetzt. Hier erblickt man die Spuren der Zeit, geronnen zu geheimnisvollen Mustern, wie Zeichen einer unbekannten und doch vertrauten Schrift.

Ölbäume können über tausend Jahre alt werden. Es gibt noch heute einige uralte Exemplare, die von ferner Vorzeit erzählen. Als in Epidaurus einst eine Hungersnot ausbrach – so berichtet Herodot – fragte man das Orakel von Delphi um Rat. Die Pythia gebot, zwei Standbilder zu errichten. Nicht aus Erz, nicht aus Stein, sondern aus dem Holz eines »zahmen« Olivenbaumes. Nachdem die Standbilder aufgestellt waren, wurde das Land wieder fruchtbar.

VOM WERDEN UND VERGEHEN

Nicht immer macht der Boden, auf dem der Ölbaum wächst, einen kargen Eindruck auf uns. Im Frühling kann sich das Auge im Rausch gelber oder weißer Blütenteppiche baden – oder sich wenig später an den leuchtend roten Mohnblumen erfreuen. Seltener hat man das Glück, die Blüte des Ölbaums selbst zu erleben, wenn er im Frühsommer eine Vielzahl weiß-gelber schwach duftender Blüten hervorbringt, die unter den Blättern des Vorjahres erscheinen. Doch nur aus etwa zwanzig erblühten Knospen entsteht eine einzige Olive. Außerdem sind die Blüten stets bedroht, denn heftiger Wind und

Regen sowie Spätfröste können sie vernichten. Eine reiche Ernte ist deshalb für den Bauern keineswegs eine Selbstverständlichkeit – was die Freude, wenn sie gelingt, umso größer macht.

So mischt sich in das Gefühl der Dauer, das uns der Ölbaum oft vermittelt, auch das Wissen um die Verwundbarkeit und stete Gefährdung alles Lebendigen. Er vertritt nicht das ewige statische Sein wie ein Fels oder Berg, er ist nicht unzerstörbar, er fällt so manchem Brand oder Frost zum Opfer. Und doch treiben aus den Wurzelballen immer wieder neue Triebe und lassen uns erahnen, daß auch das Leben immer wieder ein Geschenk ist – ein Geschenk allerdings, das mit Zähigkeit, Geduld und harter Arbeit erhalten werden muß. Vielleicht ist uns der Ölbaum trotz einer gewissen Herbheit und seiner fast unnahbaren Würde deshalb so nah, vielleicht fahren wir deshalb manchmal fast zärtlich mit der Hand über seine im Alter rauh gewordene Rinde und liebkosen seine seltsam geformten Knoten, seine ineinander verschlungenen Holzgebilde: weil wir uns als Menschen in ihm widergespiegelt sehen - unsere Wandelbarkeit und unsere Dauer, unsere Verletzlichkeit, aber eben auch unsere Unvergänglichkeit.

ABER NOAH WARTETE NOCH EINMAL
SIEBEN TAGE, DANN LIESS ER DIE TAUBE
WIEDER AUS DER ARCHE FLIEGEN;
UND ALS SIE AM ABEND ZU IHM ZURÜCK-
KEHRTE, TRUG SIE EIN FRISCHES OLIVEN-
BLATT IM SCHNABEL.

Genesis, VIII, 10-11

AUSGESÄT

IN DIE WILDE SCHÖPFUNG

EDENS ZEUGE

AN UNSERN WEGEN

INS FREMDE LAND.

Erika Burkart

. . .

Und wie um Platons Hallen,
Wenn durch der Haine Grün,
Begrüßt von Nachtigallen,
Der Sterne Liebe schien,
Wenn alle Lüfte schliefen,
Und, sanft bewegt vom Schwan,
Cephissus durch Oliven
und Myrtensträuche rann:

DER GOTT

So schön ist's noch hienieden!
Auch unser Herz erfuhr
Das Leben und den Frieden
Der freundlichen Natur:
Noch blüht des Himmels Schöne,
Noch mischen brüderlich
In unseres Herzens Töne
Des Frühlings Laute sich.

DER JUGEND

Drum such im stillsten Tale
den düftereichsten Hain,
Und gieß aus goldner Schale
Den frohen Opferwein!
Noch lächelt unveraltet
Das Bild der Erde dir,
Der Gott der Jugend waltet
Noch über dir und mir.

Friedrich Hölderlin

TRAUM AUF DEM HÜGEL

Unter Olivenbäumen
möchte ich
an einem kühlen Morgen
auf den Hügel steigen,
durch die silberzarten Blätter
die Sonnenhelle grüßen
und der Wolken
leichten Flug
dem Meer entgegen.

Antonia Pozzi

»DAS RAUNEN EINES OLIVENHAINES HAT

ETWAS SEHR INTIMES, UNGLAUBLICH

ALTEHRWÜRDIGES AN SICH. ES IST ZU

SCHÖN, ALS DASS ICH VERSUCHEN KÖNNTE,

ES ZU VERSTEHEN ODER GAR WAGEN

KÖNNTE, ES ZU MALEN.«

Vincent van Gogh

»SEHT NUR DAS LICHT AUF DEN OLIVENBÄUMEN,

ES FUNKELT WIE DIAMANTEN. ES SCHIMMERT ROSA ODER BLAU

. . . UND DER HIMMEL, DER HINDURCHSCHEINT,

MACHT EINEN SCHIER VERRÜCKT.«

Auguste Renoir

Erblickt ihn einer zum ersten Mal, so kann es sein, daß er verwundert ist: er ist so unscheinbar, so anspruchslos, und seine Farben sind auf der Palette der Schöpfung von dort, wo die leisesten, atmendsten Farben liegen. Wenn er sein Silbergefächer gegen das Lichtblau des Himmels hält, so entsteht ein KLang, der vom Jenseits ist.

Der Ölbaum hat Zeit. Er beginnt erst im Alter zu tragen und in einem Sagenalter von vielen hundert Jahren trägt er noch. Was für uns Jahre sind oder ein Leben mit Freuden und Schmerzen, das ist für ihn nichts. So ist er gesonnen und so ist auch die Farbe seines Gezweigs: seidiges Mattgrün wie von alten Gewändern.

Da steht er auf trockenster Erde, harrend und tragend, und seiner Weisheit gelingt es, aus dem Dürren den Saft zu ziehen, der den Alten Alles war: Speise, Reinigung und Schmeidigung der Leiber, Duft und Licht der stillbrennenden Lampen und Opfer.

Wo Ölbäume sind, ist die Landschaft heilig.

Seine lautlose Andacht macht fromm.

Athenes Augen hatten seine Farbe: meergrün.

Die Seele des Landes ist dieser Baum.

Erhart Kästner

GRIECHENLAND.

ICH SCHAUTE

DAS REICH DES TRAUMES,

WO DER MOND

NIE UNTERGEHT,

UND ALS SEINE WIRKLICHKEIT

ERKANNTE ICH

DEN ÖLBAUM.

Theodor Däubler

Diese Farben hätte ich früher niemals im Süden

erwartet. Ich glaubte immer, sie müßten dort satter

und stärker sein in heftiger Pracht. Aber sieh, sie sind

seliger, leichter, mit Licht gemischt, wie vom

Regenbogen selber entlehnt, vom Himmel und nicht

von der Erde. Sie sind helleren Klangs, wie oberer

Diskant, Flöten- und Harfenmusik, von weither geweht.

Sie sind wie silbriger Atem, von Genien gehaucht.

Sie zwingen mit leiser Gewalt.

Erhart Kästner

KINDER DES HELIOS

Millionen großgesichtiger Margeriten, eine goldgelbe Art, überstirnten die dürftige Wiese zwischen Gestein. Man sah, Blumengesicht an Blumengesicht, fast nichts als sie. Der Gottesgeist dieses Hügels hat sich offenbar diese Blumen erkoren zu Sinnbild und Schmuck und hatte sie in hellen Scharen herbeigerufen, als alles Gebaute in Trümmer zerfiel.

Sie, die alljährlich Vergänglichen aber, die Zarten und Kleinen, sie hielten noch stand und behaupteten sich. Jetzt in diesen kurzen Tagen des Frühlings feierten sie. Denn es schien der einzige Lebens-Sinn dieser goldprangenden Blumengeschöpfe zu sein, den Gott zu bekennen mit aller Kraft, nichts anderes als das.

Solange der feurige Wagen über den Himmel fuhr vom Morgen zum Abend, wandten sie ihre geöffneten, anbetenden, hingerissenen Sonnengesichtchen ihm zu und hingen ihm an, mitwandernden Blicks: rührende, nachahmende Kindgeschöpfe des großen, feurigen Runds, voll Hörigkeit und voller Bekenntnis.

Erhart Kästner

Wenn es wahr ist, wie man hört, daß ein Ölbaum zweitausend Jahre alt werden kann, so hätte manch einer von ihnen die Zeiten erlebt, wo in Delphoi noch die Götter wohnten. Dann pflückte man also vom selben Baum einen Zweig wie die Pilger.

Erhart Kästner

EIN GEWÄCHS, NIE ALTERND,

SICH SELBER ENTSPROSSEN . . .

DER STOLZ DIESER HEIMISCHEN FLUREN,

GRAUSCHIMMERNDES LAUB

DES EWIG ZEUGENDEN ÖLBAUMS.

Sophokles

So großartig alte Stämme sah ich noch nie. Sie scheinen die Urväterahnen zu sein aller übrigen. Sogar in der Ebene von Krisa unterhalb Delphoi, im heiligsten Ölwald der Welt, waren sie, glaube ich, nicht so gewaltig, und in den unendlichen Hainen von Lesbos waren es Söhne eines ganz anderen Geschlechts: geordnete Scharen, planvoll und sittsam gepflegt. Hier aber steht jeder ganz auf sich selber, ein Riese und Held.

Ich umschreite eines dieser Ölbaumgebirge dicht rund um den Stamm mit großen Schritten. Siebzehn. Siebzehn Schritt um ein Gewirk aus Alter, Frucht und Zeit, um ein Lebendiges, das sich tausend oder zweitausend Jahre ans Dasein klammert mit Leidenschaft. Nichts mehr an ihm ist, wie es war.

Der Stamm ist hohl, die Rinde durchlöchert. Vielmals kann man den Arm durchs zerwirkte Gebilde tun. Tausend Tode ist er gestorben und tausendmal wieder zum Leben erwacht, der große Geduldige. Er ist nichts einzelnes mehr, sondern ein Vieles, ein Zopfwerk und Flechtwerk von Strängen und quellenden Wachstumszügen. Alt, uralt.

Ich lege die Hand an das warm durchsonnte, graue Gestein seines Holzes. Großer, alter Freund.

Erhart Kästner

. . . EIN ÖLBAUM BLÜHTE.

Solang ich nun schon in Griechenland war, ich besann mich nicht, einen blühenden Ölbaum gesehen zu haben. Er blüht nur sehr kurz, man muß es erhaschen, bald eilt er weiter zum Früchtebereiten, zum mühsamen Ziehen des Öls aus der Erde.

So bescheiden der Baum ist, so ist die Blüte. Nur kleine Perlchen sind es, und sie sind hinterm Silbergraugrün der einzelnen Blättchen verborgen, auch duften sie kaum, nur ganz leise, kaum zu eratmen, nur etwas Ruch nach Jugend und bitterer Klarheit. Junfräulich, athenisch.

Die Blätter standen am Zweig schräg hintereinander wie Gefieder eines Pfeils. Das einzelne Blatt ist wie eine Vogelfeder so groß. So trug es die Taube, das Ölblatt, als Friedensverheißung.

Ich brach mir vom blühenden Baum einen Zweig. Auch das ist volllkommen an diesem Baum. Das Reis bricht sich leicht in kurzem, entschiedenen Bruch und ist dann fertig zum schönsten Kranze der Welt, vorbestimmt zum Schmuck eines Haupts.

Erhart Kästner

Die Zikaden, in Ölbaumkronen versteckt, sangen ihr mittäglich erregtes, eintönig gesteigertes Lied. Tausendfach kleine Freundschaft, mir lieb, übers ganze Land! Ich geriet aus einem Schallbereich dieses hymnischen Sanges in den andern hinein.

Göttlicher Lärm der Zikaden! Ich lief über die einsamen hellheißen Fluren Griechenlands und war umtost von ihrem Geschrill. Es gellt so stark, daß es schmerzt. Man weiß nicht, woher der Ton kommt, er ist zu hoch und zu schwirr, als daß der Sinn die Richtung meldete, aus der die Wellen dringen. Sie sind wie Ohrenbrausen mittäglicher Fiebergluten der Erde. Sie sind das göttliche Außersichsein der Landschaft im Sommerrausche, im Rausche des Mittagslichts.

Denn sie singen nicht wie die Grillen des Abends, sondern nur bei wolkenlosem Himmel in den heißesten Stunden. Dem Apollon sind sie heilig, die Kleinen, und von dem betörenden Sturm seines Lichts stammt ihre Kraft. Davon sind sie ein winziger Teil. Ihre Musik trifft wie Pfeile, die der Mittag versendet. Ich konnte nicht anders, als kleine Beterinnen in ihnen erblicken, Rasende in ihrem begeisterten Tun.

Sie leben von Baumsäften, heißt es, die sie sich erbohren. Aber der gärende Saft hat sie wohl trunken gemacht. Während ich dahinschritt, selbst außer mir in der Mittagsglut, ward es von Mal zu Mal still, wie auf einen Schlag. Dann erzeugte das Ohr aus sich selber den Nachhall des Lärms. Und wie auf Befehl schmettern sie wieder, von allen Seiten, ihren Sonnengesang in ergriffenen Chören.

Erhart Kästner

STILLE DES HOHEN MITTAGS WAR WIEDER.

OLIVENGEFLÜSTER,

LERCHENGETRILLER WEIT ÜBER DEN

TEMPELSÄULEN IM BLAU,

BLÜTENWIND,

BELADEN MIT DEM DUFT DER INSELHEIDE

UND SALZIGEM MEERHAUCH.

Erhart Kästner

. . . Aber in größter Stille
ruft der flammende Mohn
seine Gegenwart aus. Es ist,
als lebe er zu schnell, als
daß sich das Grau in seinen
Poren bergen dürfte. Heute
bin ich hier, morgen bin ich
nicht mehr, so spricht sein
rotes Schweigen.

Wilhelm Lehmann

STUNDE DES PAN

. . . WENN PLÖTZLICH STILLE
HERABSINKT, DIE ZIKADEN
SCHWEIGEN, DAS MEER ABFLAUT,
DIE GESAMTE NATUR DEN ATEM
ANHÄLT UND MAN PAN ATMEN
HÖRT, WÄHREND ER UNTER EINEM
OLIVENBAUM SCHLÄFT . . .

Lawrence Durrell

Unter Bäumen schaffte ein ländliches Paar.
Ein paar Schritte weiter lagen die Kinder
schlafend im Schatten . . . Der Eßkorb hing
darüber vom Baume herab.

Ein Esel stand festgebunden im
Schatten und sann. Ich kraulte ihn.
Er bewegte die Ohren, die langen,
stellte sie auf und tat sie zurück und
rollte sie aus der Wurzel im Kreise,
jedes einzeln für sich. Ich sah, wie
mein Schnalzen und Lippenziehen
und Kraulen die Eselseele ihm labte.

Erhart Kästner

Wer Ölbäume pflanzt, hat selber
kaum noch Gewinn. Der Vater pflanzt
sie nur für den Sohn und der Enkel
nach vielhundert Jahren dankt es –
und weiß nicht mehr wem.

Erhart Kästner

Die griechische Kost ist liebenswert durch einen ländlichen Zug. Auch das verfeinerte Mahl ist aus dem Hirtenmahle entwickelt, dessen Gaben bescheiden und schlicht sind, aber geadelt vom Dank, mit dem jeder sie genießt. Unantastbar die Grundstoffe. Immer kommen die grünlichen oder schwärzlichen Oliven zum Tisch. Weißer Schafkäse, Joghurt, Feigen, das jahreszeitliche Obst, das kehrt immer wieder, und niemand wird es mißachten.

Erhart Kästner

DIE GANZE WELT DES MITTELMEERS,

DIE SKULPTUREN, DIE PALMEN, DIE GOLDENEN

PERLEN, DIE BÄRTIGEN HELDEN, DER WEIN,

DIE SCHIFFE, DAS MONDLICHT, DIE GEFLÜGELTEN

GORGONEN, DIE BRONZENEN MÄNNER,

DIE PHILOSOPHEN – ALLES DAS SCHEINT DER

SAURE, BEISSENDE GESCHMACK DIESER

SCHWARZEN OLIVEN HERAUFZUBESCHWÖREN . . .

EIN GESCHMACK, ÄLTER ALS FLEISCH,

ÄLTER ALS WEIN. EIN GESCHMACK, SO ALT

WIE KÜHLES WASSER.

Lawrence Durrell

ES WIRD NATUR

DURCH KEINE ART

GEBESSERT

William Shakespeare

BAGNI DI CATULLO

Reck ich wohlig badend die weißen Glieder,
Silbert schattig die Luft mir den Quell im Becken,
Silbern steht der Himmel gespiegelt tief im
Schatten der Welle.

Komm und trag den Ölzweig im Haar! Dein Nacken
Leuchtet schön und reinlich wie er. Olive
Warst du mir oft, Süße dem Mund und bittre
Frucht meiner Sehnsucht.

Grüner Schatten lag auf dem Stämmchen. Zärtlich
Schlang ich Arm und Schenkel um dich, dein Gärtner,
Pflückt ich kühl den Mondschein, die keuschen Früchte
Heiß unterm Brusttuch.

Schilt mein Lied, o straf es, doch nie die Liebe!
Knorrig war es oft wie der Ölbaum, silbrig
Doch am Abend, Lesbia. Gedenk und küß den
Zärtlichen Dichter!

Georg Schneider

IM SCHROFFEN ANSTIEG BRÜCHIGER TERRASSEN

DORT OBEN DER ÖLBAUM,

AM MAUERRAND

DER GEIST DER STEINE,

NOCH IMMER

DIE LEICHTE BRANDUNG

VON GRAUEM SILBER IN DER LUFT,

WENN WIND DIE BLASSE UNTERSEITE

DES LAUBS NACH OBEN KEHRT.

DER ABEND WIRFT SEIN FANGNETZ INS GEZWEIG.
DIE URNE AUS LICHT
VERSINKT IM MEER.
ES ANKERN SCHATTEN IN DER BUCHT . . .

Peter Huchel

Dich kenne ich, dich lieb ich,
dich sah ich wachsen,
Holz.
Darum,
so ich dich anrühre,
antwortest du
wie ein geliebter Leib,
du weisest mir
deine Augen und deine Fasern,
deine Knorren, deine Male, deine Adern,
die reglosen Flüssen gleichen.
ich weiß,
was sie
singen
mit Windes Stimme,
ich lausch der stürmenden Nacht . . .

Pablo Neruda

Steingrau, steinalt, steinhart.

Steinzeit- und Urzeitgestalt . . .

Gefiederte Zweige sprießen.

Wurzeln schlägt es ins Dunkel,

Säfte steigen herauf.

Es schlägt wie ein Herz,

es schlägt den Puls der Erde.

Peer de Smit

ICH HARRE, MICH UMKREIST DIE ZEIT
Goethe, Faust II

MEIN SCHLAF IST TRÄUMEN,

MEIN TRÄUMEN SINNEN,

MEIN SINNEN WALTEN DES WISSENS.

Richard Wagner

DER BAUM IST

JENE MACHT,

DIE SICH

LANGSAM

DEM HIMMEL

VERMÄHLT.

Antoine de Saint-Exupéry

. . . UND ICH SAH, WIE ER JEDEN MORGEN BEI

TAGESANBRUCH VOM WIPFEL BIS ZUM FUSS

ERWACHTE. DENN ER WAR BELADEN MIT VÖGELN.

UND SOBALD ES DÄMMERTE, BEGANN ER

ZU LEBEN UND ZU SINGEN.

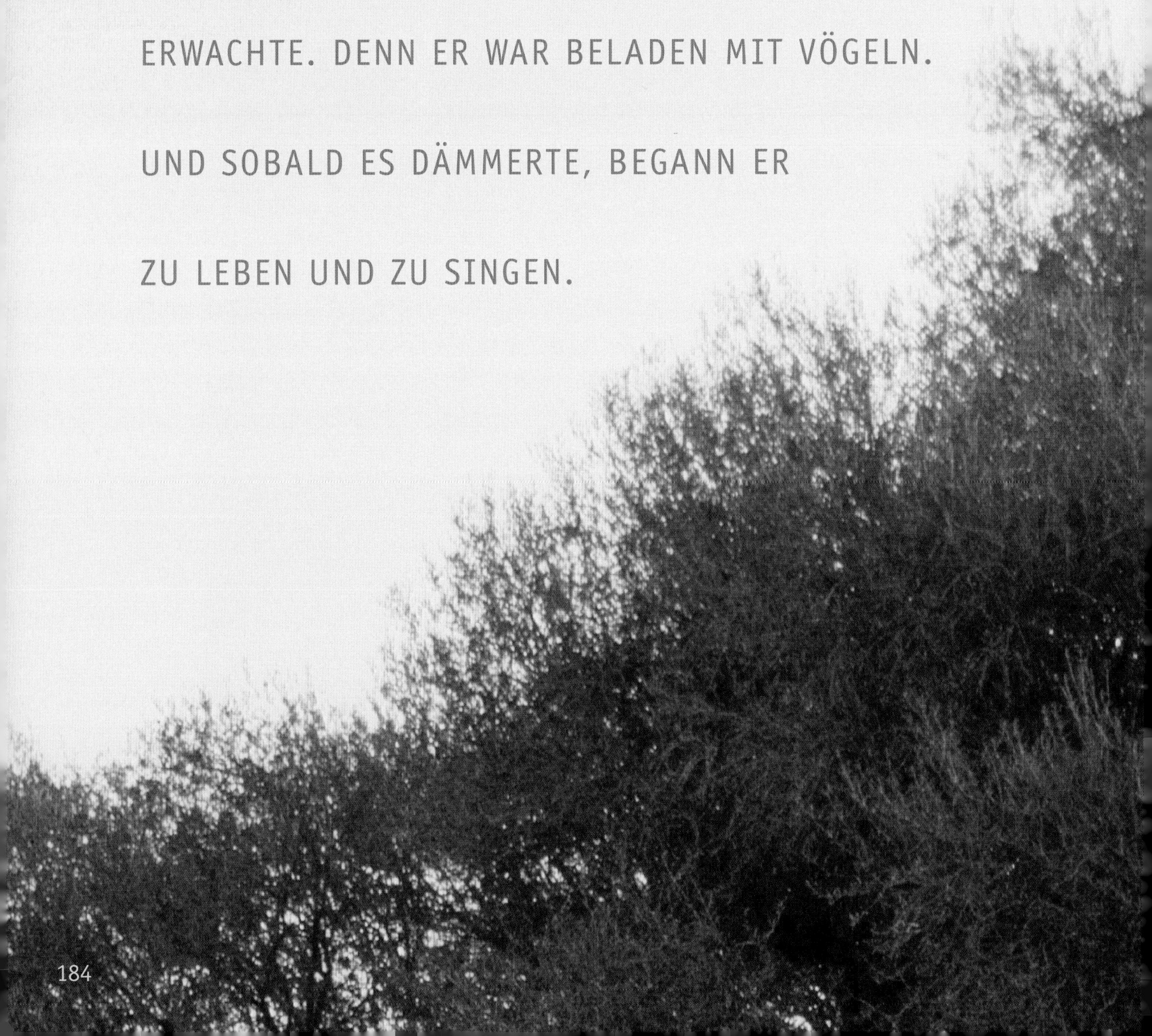

WENN DANN DIE SONNE AUFGEGANGEN WAR, LIESS ER SEINE SCHÄTZE IN DEN HIMMEL HINAUS . . .

Antoine de Saint-Exupéry

POSTSCRIPTUM

Die alten mächtigen Olivenbäume mit ihren bizarren Stämmen haben uns als fotografisches Thema schon immer fasziniert. Um den ganzen Facettenreichtum dieses unvergleichlichen Baumes mit der Kamera einzufangen, unternahmen wir mehrere Jahre lang viele Reisen in den Süden Europas. Einige der schönsten Bäume fanden wir auf dem griechischen Festland, auf Kreta, Korfu, Sizilien und Korsika sowie auf Sardinien, wo noch riesige tausendjährige wilde Olivenbäume zuhause sind.

Bei unserer Arbeit erlebten wir viele beglückende Momente: Zum Beispiel Ölbäume im Morgenlicht inmitten blühender Wiesen zu fotografieren oder im warmen Licht der letzten abendlichen Sonnenstrahlen; oder auch nach einem Regen, wenn die Farben der Stämme besonders satt waren und das ganze Land nach frischer Erde duftete.

Während unserer Fotoreisen haben wir von vielen Seiten wertvolle Hilfe und Unterstützung erfahren: von Dr. Marco Neri vom Osservatorio Geodinamico Poseidon in Nicolosi, Sizilien; von Sig. Michele Schiava, Dr. Guiseppe Schiava und Dr. Giovanni Schiava aus Taurianova in Kalabrien; und von Frau Anneliese Denifle aus Schwarzach.

Unserem Freund Hans Torwesten danken wir für seine Bereitschaft, die Einführung zu schreiben, und nicht zuletzt danken wir herzlich unserer Verlegerin und Buch-Designerin Frau Gabriele Schiffer sowie Herrn Otto Schäfer vom ARTEA Verlag. Sie beide leisteten einen enormen Einsatz für das Gelingen dieses Buches.

Liebenau, im Juli 2002
Tomáš Míček, Liza Kellner

BILDLEGENDE

S.2-3, 32/33, 44-51 Frühling im Olivenhain bei Itéa unterhalb von Delphi im Golf von Korinth

S.24 Insel Thassos, Westküste

S.26-31 Zentral-Kreta südlich von Oros Kedros

S.35-37 Zentral-Kreta bei Amnátos

S.40-41 Wilde Tulpen in Zentral-Kreta bei Fourfouras

S.43 Zentral-Korfu bei Gardelades

S.52-55 Olivenhain auf Levkás, Griechenland

S.56/57 Wilder Olivenbaum auf der Hochebene Golgo bei Baunei, Sardinien

S.58 Südlichster Ausläufer der Halbinsel Mani auf dem Peloponnes; im Hintergrund das legendäre Kap Taínaron, an dem nach der griechischen Mythologie der Eingang zum Hades, der Totenwelt liegt.

S.60/61 Olivenbaum im Areal der Ausgrabungen von Gortis auf Kreta

S.64-69 Blühender Johannisbrotbaum und Olivenbäume in Olympia in Griechenland/ Peloponnes

S.76-82 Ölbäume in Agrigent, Sizilien (76-78 Herakles-Tempel, 80-81 Hera-Tempel, 82 Concordia-Tempel)

S.84-86 Wilder Olivenbaum auf der Hochebene Golgo bei Baunei, Sardinien; vermutlich der älteste Baum Italiens, sein Alter wird auf ca. 3000 Jahre geschätzt.

S. 90/91 Zentral-Kreta bei Moni Asomaton

S. 92/93 Olivenhain bei Itéa im Golf von Korinth

S. 102-111 Ölbäume bei Kria Vrisi, Kreta

S. 112/113, 126/127 Schafherde unter einem alten Ölbaum bei Fourfouras, Zentral-Kreta

S. 114/115 Landschaft mit Olivenbäumen östlich von Naupaktos, im Hintergrund der Golf von Korinth

S.116-123 Mohnwiesen mit Olivenbäumen (116/117 bei Monastiraki, östlich von Naupaktos; 118 u. 123 auf Thassos bei Potamia, 120/121 in Nord-Euböa)

S. 128 Ein "Gaiduri" (Maulesel) bei seiner Mahlzeit unter einem alten Olivenbaum in Kritsá, Kreta

S. 130/131 Dörflerin auf ihrem Esel im Olivenhain von Kritsá, Kreta

S. 136/137 Ikonostasion (kleine Feldkirche) in einem Olivenhain in der Umgebung von Pilos, Südwest-Peloponnes

S.139 Griechische Hirtennomaden in ihrem Sommerhäuschen im südlichen Pindosgebirge, Westgriechenland

S.141, 142 Olivenernte auf der Insel Karpathos

S.154-155 Zentral-Sardinien

S.158/159 Alte Olivenbäume bei Gardelades, Zentral-Korfu

S.160-161 Olivenhain bei Itéa im Golf von Korinth

S.163 Ölbaum bei Agii Deka, östlich von Mires, Kreta

S.164/165 Schafherde in einer Olivenlandschaft bei Kritsá, Kreta

S.166 Oliven-Drillinge bei Amnátos, Kreta

S.168/169 Zentral-Korfu

S.170/171 Olivenstamm im Ausgrabungsbezirk von Gortis, Kreta

S.172/173 Alter Ölbaum bei Vistagi, Zentral-Kreta

S.175 Zentral-Korfu nordöstlich von Liapádhes

S.176-187 Wilde Olivenbäume auf der Hochebene Golgo bei Baunei, Sardinien

Technischer Hinweis:

Die Aufnahmen wurden mit CANON T 90 und CANON EOS 1-Kameras auf FUJI SENSIA-Film gemacht. Die Filmentwicklung erfolgte im Fachlabor COLOR DRACK in Schwarzach.

TEXTNACHWEIS

S.10, Hermann Hesse, aus *Gesammelte Werke*, Band 6 © Suhrkamp Verlag, Frankfurt 1970.

S.25 Altes Testament, *Genesis, VIII, 10-11*

S.28 Erika Burkart, aus *Blume*, in *Ich suche den blauen Mohn*. Pflanzengedichte. © GS-Verlag, Basel.

S.34 Friedrich Hölderlin, aus *Der Gott der Jugend*, in *Hölderlin, Werke und Briefe*, Erster Band, hrsg. von Friedrich Beißner und Jochen Schmidt, Insel Verlag, Frankfurt/M. 1969.

S.42 Antonia Pozzi, *Sogno sul colle*, aus *Parole*, Mondadori, Verona 1939. Deutsche Übersetzung von Gabriele Schiffer.

S.46 aus *Verzamelde Brieven van Vincent van Gogh*, Hg. Johanna van Gogh-Bonger, 1952-54; Deutsche Übersetzung von Dr. Beate Herting.

S.50/51 Ambroise Vollard, aus *Renoir*, Paris 1920.

S.54-58 Erhart Kästner, aus *Griechische Inseln* © Insel Verlag, Frankfurt 1975.

S. 62 Theodor Däubler, aus *Mit silberner Sichel*, in *Dichtungen und Schriften*, Hg. Dr. Friedhelm Kemp, Kösel Verlag, München 1956.

S.68, 72-74, 79 Erhart Kästner, aus *Griechische Inseln* © Insel Verlag, Frankfurt 1975.

S.83 Sophokles, aus *Ödipus auf Kolonos*

S. 87/88, 94-96, 100-108 Erhart Kästner, aus *Griechische Inseln* © Insel Verlag, Frankfurt 1975.

S.119 Wilhelm Lehmann, aus *Bukolisches Tagebuch aus den Jahren 1927-1932* © Klett-Cotta, Stuttgart 1982.

S.122 Lawrence Durrell, in *Blühender Mandelbaum*, Deutsche Übersetzung von Susanne Lepsius, © Rowohlt Verlag GmbH, Reinbek bei Hamburg 1963.

S. 129, 134, 138 Erhart Kästner, aus *Griechische Inseln* © Insel Verlag, Frankfurt 1975.

S.144 Lawrence Durrell, aus *Prospero's Cell*, Deutsche Übersetzung von Dr. Beate Herting.

S.152 Georg Schneider, aus *Die Oliven des Gardasees in der deutschen Literatur*, Hg. Guido Zangrando, Verona 1959

S.156/157 Peter Huchel, in *Ölbaum und Weide*, aus *Gesammelte Werke* © Suhrkamp Verlag, Frankfurt 1984.

S.160 Pablo Neruda, in *Ode an das Holz*, aus *Elementare Oden* © Nachlaß von Pablo Neruda, © der deutschsprachigen Rechte Luchterhand Literaturverlag, München 1985.

S.167 Peer de Smit, aus *Ölbäume*, Kiefel Verlag, Wuppertal 1983.

S.173 Johann Wolfgang Goethe, aus *Faust II, (Klassische Walpurgisnacht)*

S. 174 Richard Wagner, aus *Siegfried*, 3. Aufzug, Vorspiel.

S. 182, 184/185 Antoine de Saint-Exupéry, aus *Die Stadt in der Wüste* © Karl Rauch Verlag, Düsseldorf 1956.

IMPRESSUM

© 2002 ARTEA GmbH
Döbereinerstraße 5
D-81247 München, Germany

www.artea.de

Redaktion: Gabriele Schiffer

Redaktionelle Mitarbeit:
Jutta Müller-Willems

Lektorat: Susanne Rick

Layout: Schiffer Graphic Design, München

Druck und Bindung: Graphicom, Vicenza

ISBN 3-933861-43-8